SUCCESSION

DE

M. le Marquis MAISON

TABLEAUX

OBJETS D'ART — CURIOSITÉS

MOBILIER

VENTE

Les Jeudi 10, Vendredi 11, Samedi 12 Juin 1869.

Collection de M. le Mis MAISON

CATALOGUE

DE

TABLEAUX

OBJETS D'ART — CURIOSITÉS
MOBILIER

DONT LA VENTE

Après décès de M. le Mis MAISON

AURA LIEU

HOTEL DROUOT, Salle N° 8

Les Jeudi 10, Vendredi 11 et Samedi 12 Juin 1869

A DEUX HEURES.

COMMISSAIRES-PRISEURS :

M. ALPHONSE PERROT,	M. CHARLES PILLET,
5, place du Pont-Saint-Michel.	10, rue Grange-Batelière.

EXPERTS :

M. HORSIN-DÉON,	M. FRANCIS PETIT,
15, rue des Moulins.	7, rue Saint-Georges.

M. CHARLES MANNHEIM,
7, rue Saint-Georges.

EXPOSITIONS { *PARTICULIÈRE :* le Mardi 8 Juin 1869,
PUBLIQUE : le Mercredi 9 Juin 1869.

DE UNE HEURE A CINQ HEURES

ORDRE DES VACATIONS

Le Jeudi 10 Juin, à 2 heures et demie.

Les Tableaux. .... Nos 1 à 20

Le Vendredi 11 Juin, à 2 heures.

Les Objets d'art et d'ameublement.......... ..... Nos 1 à 88

Le Samedi 12 Juin, à 2 heures.

Batterie de cuisine, — Ustensiles de ménage, — Porcelaine et Verrerie, — Meubles courants, — Vins fins et ordinaires.................. .... Nos 89 à 91

CONDITIONS DE LA VENTE

Elle sera faite au comptant.

En sus des enchères, les acquéreurs payeront *cinq pour cent.*

Paris. — Imprimerie PILLET fils aîné, rue des Grands-Augustins, 5.

TABLEAUX

PATER

(JEAN-BAPTISTE)

1 — Le Concert champêtre.

Haut., 75 cent.; larg., 1 mèt.

2 — Les Délassements à la campagne.

Haut., 75 cent.; larg., 1 mèt.

Deux gracieuses compositions renfermant chacune dix à douze figures.

Ces deux tableaux, avant de devenir la possession de M. le marquis Maison, avaient fait longtemps partie de la collection de la riche famille Schaffhausen de Cologne, où ils avaient acquis une immense réputation. Nous extrayons le passage suivant du catalogue de la vente où ils ont figuré le 20 avril 1868.

« Élégance des poses et des tournures, finesse exquise « des physionomies, magnificence des costumes, merveil- « leuse clarté du coloris, adresse et légèreté de l'exécu- « tion, l'esprit partout, la lumière partout, le charme « partout. »

GREUZE

3 — **Madeleine.**

Elle est nue, agenouillée sur une natte, ses cheveux blonds épars, la tête appuyée sur sa main et dans l'attitude du repentir; elle serre une croix sur sa poitrine. A ses pieds, est un livre ouvert; dans le fond de la grotte un lion couché.

Ce tableau était depuis longtemps en la possession de M. le marquis Maison, et justement célèbre dans sa précieuse collection.

Haut., 1 mèt. 80 cent.; larg., 1 mèt. 43 cent.

GREUZE

4 — **Madeleine.**

Ce second tableau, quoique semblable au précédent dans l'ensemble de la composition, est très-différent dans les détails. C'est évidemment un autre modèle que Greuze s'est plu à peindre. Celle-ci est brune de cheveux et de carnation ; il y a de notables changements dans l'arrangement, dans la pose, dans les détails du fond et de la grotte ; le lion est debout.

Haut., 1 mèt. 80 cent.; larg., 1 mèt. 43 cent.

GREUZE

5 — **Tête de Madeleine.**

Étude de la tête du tableau catalogué sous le numéro 3.

Esquisse. Haut., 56 cent.; larg., 46 cent.

GREUZE

6 — **La Cruche cassée.**

Première pensée du tableau du musée du Louvre.

Esquisse au pastel.

Haut., 86 cent.; larg., 62 cent.

PRUD'HON

7 — **Petit portrait en buste de Mlle Mayer.**

La poitrine à demi couverte d'une draperie, le visage souriant, les cheveux courts et frisés.

Vente Laperlier. 1867.

Haut., 20 cent.; larg., 16 cent.

WATTEAU

(ANTOINE)

8 — **La Toilette.**

Tableau d'une qualité charmante d'exécution. Plein de charme et de lumière.

Forme ovale. Haut., 46 cent.; larg., 38 cent.

REYNOLDS

9 — **Portrait de Femme.**

Cheveux poudrés, coiffure blanche, vêtement blanc.

Esquisse. Haut., 75 cent.; larg.; 60 cent.

JOLLAIN

1756

10 — **Vénus et les Amours.**

Deux panneaux décoratifs de forme contournée par le haut, peints en camaïeu, l'un rose, l'autre bleu.

Haut., 98 cent.; larg., 80 cent.

ÉCOLE FRANÇAISE

11 — Le Lever.

Une jeune servante à peine vêtue sort de son lit; un chat est à ses pieds; près d'elle, sur une chaise, ses vêtements; à gauche, un baquet et des ustensiles de ménage.

Haut., 1 mèt.; larg., 1 mèt. 54 cent.

BROCHART

12 — Jeune Fille.

Une jeune fille vue à mi-corps, tenant une rose à la main.

Pastel ovale. Haut., 67 cent.; larg., 55 cent.

LANDELLE

13 — Jeune Femme.

Vêtue de bleu, un ruban violet dans les cheveux.

Pastel ovale. Haut., 64 cent.; larg., 53 cent.

14 — Jeune Femme.

Vêtue également de bleu, la poitrine à demi découverte.

Pastel ovale. Haut. 64 cent.; larg , 53 cent.

ÉCOLE FRANÇAISE

15 — **Tête de jeune Fille.**

Pastel ovale. Haut., 40 cent.; larg., 31 cent.

16 — **L'Oiseau mort.**

Pastel ovale. Haut., 55 cent.; larg., 45 cent.

JABLONSKY

(d'après Mignon, 1861)

17 — **Des Reptiles et des Oiseaux au milieu des fleurs.**

Haut., 47 cent.; larg., 38 cent.

Copie d'après

WATTEAU

18 — **La Source.**

Haut., 92 cent.; larg., 73 cent.

Copie d'après

GREUZE

19 — **La Prière du matin.**

Haut., 64 cent.; larg., 54 cent.

GRAVURES

20 — Deux belles épreuves d'après Greuze.

Quatre belles épreuves d'après Watteau.

Huit épreuves d'après Poussin.

DÉSIGNATION DES OBJETS

OBJETS D'ART & D'AMEUBLEMENT

SCULPTURES EN MARBRE

1 — Beau buste en marbre blanc, grandeur nature, de MADEMOISELLE DUTHÉ, signé : HOUDON F. 1781.

2 — Gaine en marbre de rapport supportée par un fort pied de lion en marbre blanc. Epoque Louis XVI.

PORCELAINES DE CHINE

ET AUTRES

3 — Deux jolis vases de forme ovoïde en ancien céladon fleuri, fond-bleu empois et décor de fleurs, montés à anses, gorges, piédouches et galeries à jour, en bronze finement ciselé et doré. Epoque Louis XVI.

4 — Deux beaux vases de forme cylindrique, en ancienne porcelaine de Chine, décorés en émaux de la famille verte à fleurs sur fond pointillé de vert et à réserves renfermant des paysages et des attributs divers. Montures de style Louis XVI en bronze doré à consoles et festons de lauriers.

5 — Deux petits vases de forme ovoïde, modèle dit pot à tabac, en vieux Chine à décor en camaïeu bleu à attributs et fond marbré. Monture de style Louis XIV à consoles et cul-de-lampe en bronze doré.

6 — Deux paires de lampes en forme de vase en porcelaine gros bleu, montées en bronze doré. Style Louis XVI.

7 — Deux beaux cache-pots en ancienne porcelaine de Chine, décorés en émaux de la famille verte à fleurs et oiseaux, et garnis d'une monture à anses de style Louis XIV en bronze doré.

8 — Deux petits vases en porcelaine tendre fond gros bleu, décorés d'amours et montés en bronze doré. Travail moderne.

9 — Deux petits vases modèle balustre en porcelaine anglaise à décor de style chinois. Travail moderne.

10 — Verrière en porcelaine de Saxe, décorée de fleurs.

BRONZES D'AMEUBLEMENT

11 — Jolie pendule du temps de Louis XVI en bronze finement ciselé et doré, modèle vase à cadran tournant, reposant sur un socle cannelé, bronzé, garni de draperies. La base du socle porte l'inscription : Lepaute a Paris.

12 — Deux grands et beaux chenets du temps de Louis XVI en bronze doré, modèle aiguière, et festons de lauriers avec galeries ornés d'élégants rinceaux.

13 — Pendule à cage du temps de Louis XVI en bronze ciselé et doré sur socle en marbre blanc, garnie d'un bas-relief en bronze doré représentant des jeux d'amours. Le cadran découpé à jour permet de voir le mouvement.

14 — Grand et beau cartel du temps de Louis XVI, en bronze doré, garni de festons de lauriers et surmonté d'un vase à deux anses. Mouvement de Naus a Paris.

15-17 — Trois lustres en bronze finement ciselé et doré, modèle dit de Boule, à douze lumières. Ils seront vendus séparément.

18 — Deux grands flambeaux de style Louis XVI en bronze doré à cariatides de femmes.

19 — Grande pendule de style Louis XVI en bronze doré à l'or moulu, modèle à vase ovoïde et à deux figures de femmes assises représentant les Sciences.

20 — Deux girandoles de style Louis XVI en bronze doré à quatre lumières. Les flambeaux sont formés de cariatides de femmes reliées par des guirlandes de fleurs.

21 — Lanterne d'antichambre en bronze finement ciselé. Epoque Louis XVI.

22 — Deux chenets en bronze doré ; cerf et sanglier sur socles rocailles. Style Louis XV.

23 — Deux bras-appliques à deux lumières, modèle à volute, en bronze finement ciselé et doré, surmontés de bustes de femmes et garnis de festons de fleurs.

24 — Deux petites girandoles de style Louis XVI à trois lumières, en bronze ciselé et doré au mat.

25 — Deux jolis bras-appliques du temps de Louis XVI, en bronze ciselé et doré, modèle à rinceaux et guirlandes de fleurs. Ils sont surmontés chacun d'un coq debout.

26 — Jolie pendule du temps de Louis XVI en bronze finement ciselé et doré, sur socle en marbre blanc. Le mouvement, marquant les quantièmes et les jours de la semaine, est surmonté d'un trophée d'attributs divers et supporté par deux cariatides d'hommes barbus agenouillés dont les bras et les jambes sont terminés par des motifs d'ornement. Mouvement de G. Dubois a Paris.

27 — Deux beaux flambeaux du temps de Louis XVI, modèle à balustre, en bronze finement ciselé et doré.

28 — Deux jolis petits vases de forme ovoïde en marbre blanc, garnis de fines montures à anses, gorges et piédouche en bronze doré. Epoque Louis XVI.

29 — Deux chenets en bronze doré à l'or moulu, modèle à vases montés sur trépieds et galeries ornées de festons fleurs. Epoque Louis XVI.

30 — Joli cartel en bronze ciselé et doré du temps de Louis XVI, orné de festons de lauriers et surmonté d'un nœud de rubans.

31 — Brûle-parfums Louis XVI, à panse ovoïde, modèle à trépied et cariatides de femmes en bronze ciselé et doré.

32 — Petit vase en jaspe fleuri de Sicile, garni d'une jolie monture Louis XVI en bronze ciselé et doré.

33 — Deux lampes carcel en forme de vase chinois en bronze.

FUSILS DE CHASSE

OBJETS VARIÉS

34 — Fusil de chasse à deux coups de Le Page.

35 — Fusil de chasse à deux coups et à bascule de Lefaucheux.

36 — Petit groupe en ivoire sculpté : la Vierge debout tenant son divin Fils sur son bras gauche.

37 — Coffret en laque.

38 — Boîte à thé en laque.

39 — Écrans à main.

40 — Divers ustensiles de bureau en bronze.

ORFÉVRERIE

41 — Deux grands et très-beaux flambeaux en argent du temps de Louis XV, modèle rocaille, enrichis de festons de fleurs en relief finement ciselées.

42 — Quatre bouts de table et un porte-huilier en argent.

43 — Nécessaire de voyage garni en argent.

44 — Vingt-quatre couverts en argent.

45 — Douze fourchettes en argent.

46 — Deux cuillers à potage en argent.

47 — Quatre cuillers à ragoût en argent.

48 — Dix-huit couverts d'entremets en argent.

49 — Dix-huit cuillers à café en argent.

50 — Truelle à poisson en argent.

51 — Deux cuillers à café en argent niellé.

52 — Diverses pièces d'orfévrerie qui seront vendues séparément.

BIJOUX

53 — Deux boutons d'oreilles formés **chacun** d'un brillant.

54 — Fermoir formé d'un beau brillant.

55 — Croix en or portant les lettres **A E I** exécutées en roses.

56 — Bague en or enrichie d'une émeraude, d'un rubis et de brillants.

57 — Deux paires boutons de manchettes en agate ornés chacun d'un brillant.

58 — Deux pendants d'oreilles en or enrichis de miniatures en grisaille par De Gault.

59 — Bague en or gravé et améthyste.

60 — Bague en or et turquoises.

61 — Bague en or avec cœur et feuillages exécutés en rubis, roses et émeraudes.

62 — Bracelet en or émaillé orné d'une perle fine entourée de roses.

63 — Médaillon en or, jaspe, rubis et roses.

64 — Divers bijoux d'or qui seront vendus séparément.

MEUBLES & TENTURES

65 — Très-beau lit du temps de Louis XVI en bois très-finement sculpté et doré. Le dossier est surmonté d'une couronne et de festons de fleurs délicatement sculptées, et il est garni en damas de soie cramoisi. Le baldaquin dômé qui accompagne ce lit n'est pas doré.

66 — Environ cent trente-neuf mètres de damas de soie cramoisi pareil à l'étoffe garnissant le lit qui précède.

67 — Grand meuble du temps de Louis XV en bois de placage fermant à deux portes, garnies ainsi que les côtés, de panneaux de laque de Chine à décor d'or sur fond noir et enrichi d'ornements rocaille en bronze finement ciselé et doré. La gorge supérieure présente deux tiroirs.

68 — Douze belles chaises de salle à manger, modèle gondole et de style Louis XVI, en bois d'acajou, garnies de bronzes finement ciselés et dorés et garnies en damas de soie vert uni capitonné.

69 — Belle table de salle à manger de mêmes style et travail que les chaises qui précèdent, c'est-à-dire en bois d'acajou, garnie de bronzes dorés. Cette table est accompagnée de cinq rallonges.

70 — Grand et beau bureau plat de style Louis XVI en bois d'acajou richement garni de bronzes finement ciselés et dorés au mat. Chacun des grands côtés présente un soleil en relief ainsi que des festons de fleurs et des ornements. Les pieds cannelés sont garnis de chapiteaux ioniques.

71 — Autre beau bureau plat en marqueterie de bois à quadrilles, garni de moulures et d'ornements en bronze finement ciselé et doré au mat.

72 — Fauteuil de bureau en bois d'acajou garni de bronze doré. Epoque Louis XVI. Il est garni en étoffe de soie ancienne.

73 — Petit guéridon-étagère en marqueterie de bois de rose, garni de bronze et à dessus de marbre blanc. Époque Louis XVI.

74 — Jolie table à jouer en marqueterie de bois par David de Neuwid, à festons de fleurs, trophées et rubans de couleurs sur fond jaune clair et garnie de bronzes dorés. Époque Louis XVI.

75 — Beau cadre ovale du temps de Louis XVI, en bois sculpté et doré, orné de festons de fleurs et surmonté d'une couronne de laurier.

76 — Deux autres jolis cadres de forme carrée en bois sculpté et doré, ornés de couronnes et de festons de lauriers. Époque Louis XV.

77 — Deux jolies encoignures du temps de Louis XVI en bois de rose richement garnies de bronzes dorés et à dessus de marbre brèche violette.

78 — Lit de style Louis XVI en bois de rose garni de bronzes dorés. Il est accompagné d'un baldaquin en bois de rose et bronzes, ainsi que de rideaux et d'un couvre-lit en brocatelle à fleurs de couleurs sur fond vert.

79 — Deux rideaux de croisées analogues aux rideaux du lit qui précède.

80 — Très-beau lit en bois sculpté et doré du temps de Louis XV, à figures d'enfants, ornements et fleurs. Il est garni de soie blanche brodée en soies de couleurs et ganse d'or.

81 — Commode de style Louis XVI en bois de rose et bronzes dorés, à dessus de marbre blanc. Elle ferme à deux portes et contient trois tiroirs.

82 — Meuble à hauteur d'appui en bois noir garni de bronzes et fermant à deux portes vitrées.

83 — Meuble de salon en bois de palissandre et bronzes dorés, garni en damas de soie jaune. Il se compose de : un canapé, quatre fauteuils et deux chaises.

84 — Quatre grands rideaux de fenêtre en damas de soie jaune et accessoires.

85 — Causeuse à deux places en S, en bois de palissandre, garnie en brocatelle à fleurs sur fond blanc.

86 — Beau couvre-pieds ou tapis de table en satin blanc brodé à fleurs, animaux et oiseaux en soies de couleurs. Travail chinois.

87 — Trois beaux tapis de Smyrne à fond rouge. Ils seront vendus séparément.

88 — Tapis en moquette à fleurs et rinceaux en camaïeu rouge sur fond vert.

---

89 — Meubles courants en acajou, palissandre et noyer.

90 — Batterie de cuisine, ustensiles de ménage, porcelaine et verrerie.

91 — Vins fins et ordinaires.

www.ingramcontent.com/pod-product-compliance
Ingram Content Group UK Ltd.
Pitfield, Milton Keynes, MK11 3LW, UK
UKHW032025260826
14628UKWH00006B/2736

9 782329 496580